VENTE

Du Jeudi 27 Décembre 1888

HÔTEL DROUOT, SALLE N° **4**

à 2 heures précises

TABLEAUX ANCIENS

ET MODERNES

AQUARELLES, PASTELS, DESSINS

MARBRES, BRONZES, CURIOSITÉS

Porcelaines, Objets d'Art et d'Ameublement

Provenant en partie d'un Cabinet d'amateur

EXPOSITION PUBLIQUE

LE MERCREDI 26 DÉCEMBRE 1888

DE 2 HEURES A 5 HEURES 1/2

Mᵉ GEORGES BOULLAND   **M. GEORGES SORTAIS**

COMMISSAIRE-PRISEUR   PEINTRE-EXPERT

26, rue des Petits-Champs, 26   23, rue des Capucines, 23

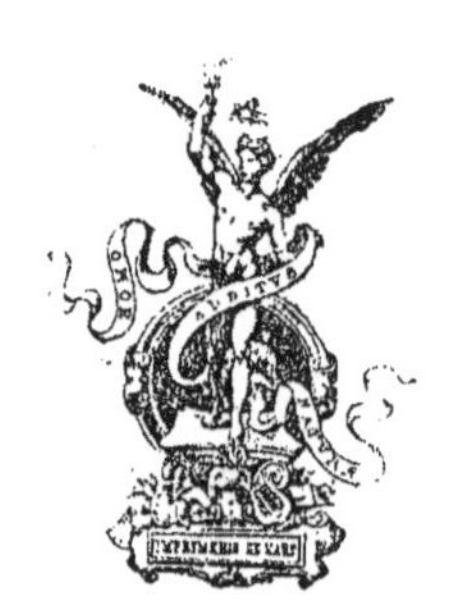

VENTE

Du Jeudi 27 Décembre 1888

HÔTEL DROUOT, SALLE N° **4**

à 2 heures précises

TABLEAUX ANCIENS

ET MODERNES

AQUARELLES, PASTELS, DESSINS

MARBRES, BRONZES, CURIOSITÉS

Porcelaines, Objets d'Art et d'Ameublement

Provenant en partie d'un Cabinet d'amateur

EXPOSITION PUBLIQUE

LE MERCREDI 26 DÉCEMBRE 1888

DE 2 HEURES A 5 HEURES 1/2

Mᵉ GEORGES BOULLAND	**M. GEORGES SORTAIS**
COMMISSAIRE-PRISEUR	PEINTRE-EXPERT
26, rue des Petits-Champs, 26	23, rue des Capucines, 23

CONDITIONS DE LA VENTE

Elle sera faite au comptant.

Les acquéreurs payeront, en sus des adjudications, *cinq pour cent* applicables aux frais.

L'Exposition mettant le public à même de se rendre compte de l'état des objets, il ne sera admis aucune réclamation une fois l'adjudication prononcée.

Paris. — Imp. de l'Art. E. Ménard et Cⁱᵉ, 41, rue de la Victoire.

DÉSIGNATION

TABLEAUX ANCIENS

Artois (Jacques Van).

(Attribué à)

1 — *Paysage.*

Toile. Haut., 95 cent.; larg., 1 m. 25 cent.

Bril (Paul).

2 -- *Paysage.*

Au milieu d'une grotte, prie, debout devant la croix, une Madeleine entourée d'animaux et d'oiseaux. (Le personnage est de Rottenhamer.)

Bois. Haut., 63 cent.; larg., 42 cent.

Charlet.

3 — *Portrait d'une jeune fille.*

Toile. Haut., 27 cent.; larg., 22 cent.

Delacroix (Eugène).

4 — *Médée.*

Esquisse.

Haut., 51 cent.; larg., 21 cent.

Eyck (Gaspard Van).

5 — *Marine.*

Combat naval entre les Turcs et les chrétiens.

Toile. Haut., 1 m. 10 cent.; larg., 1 m. 70 cent.

Fragonard (Honoré).

6 — *Paysage.*

Dans un site enchanteur, une femme à l'escar-
polette ; près d'elle, assis sur l'herbe, un personnage en costume jaune ; un petit chien blanc
accourt en jappant ; à droite, sur le même plan,
deux chevriers causent et deux chèvres broutent
le serpolet.

Signé et daté au bas, à droite.

Toile. Haut., 54 cent.; larg., 65 cent.

Greuze (Jean-Baptiste).

(Attribué à)

7 — *Portrait.*

Cette tête d'enfant nous rappelle les traits de la
fille de ce maître.

Bois, ovale. Haut., 43 cent.; larg., 33 cent.

Guido Reni.

(Attribué à)

8 — *Martyre de saint Pierre de Vérone.*

Toile. Haut., 1 m. 12 cent.; larg., 76 cent.

Huysmans (de Malines).

9 — *Paysage orné de figures.*

Toile. Haut., 64 cent.; larg., 72 cent.

Lippi (Philippo).

10 — *Martyre de saint Étienne.*

Toile. Haut., 72 cent.; larg., 1 m. 10 cent.

Primatice (École de).

11 — *Allégorie religieuse.*

C. Haut., 40 cent.; larg., 48 cent.

Ruysdaël (Jacques).

(Attribué à)

12 — *Paysage orné de figures.*

Toile. Haut., 64 cent.; larg., 12 cent.

Téniers (David le jeune).

13 — *Danse villageoise.*

Un couple dansant se tient par la main; le ménétrier joue de la musette. A droite, un paysan debout les regarde, ainsi qu'un autre couple attablé; au second plan, compagnons et compagnes causent, boivent et fument; dans le coin droit, une servante sur le seuil d'une taverne. Dans le lointain, des paysans regagnent le village.
Signé du monogramme.

Bois. Haut., 18 cent.; larg., 25 cent.

Téniers (David le jeune).

(Attribué à)

14 — *Le Chimiste.*

Un chimiste, coiffé d'un bonnet rouge, enveloppé dans une robe grise garnie de fourrures, est assis, un soufflet dans les mains; un élève est à ses côtés. Dans le fond du laboratoire, au milieu de divers accessoires, deux autres préparent la besogne.
Signé du monogramme, au bas, à droite.

Bois. Haut., 46 cent.; larg., 58 cent.

Thirion (J. G.)

15 — *La Toilette de Vénus.*

Toile. Haut., 1 m. 2 cent.; larg., 85 cent.

Wouverman (Pierre).

16 — *L'Abreuvoir hollandais.*

Au bord d'une rivière, deux femmes lavent leur linge ; un chasseur, monté sur un cheval bai, le faucon au poing, escorté d'un chien ; des palefreniers font boire leurs chevaux ; près d'eux, des baigneuses ; au pied d'un pont, une tourelle ; dans le fond, une ville, des clochetons, une rivière chargée de bateaux.

Provenant de la collection du marquis du Blaizel.

Bois. Haut., 32 cent.; larg., 46 cent.

École flamande. (Maître inconnu.)

17 — *Funérailles de Didon.*

Sur un magnifique cénotaphe, orné de guirlandes de fleurs et de motifs, pleins de finesse et d'élégance, Didon est là, couchée, entourée déjà des flammes naissantes qui la devront consumer. Au-dessus, planant, ses grandes ailes déployées, un aigle, venu du fond des cieux, contemple ce beau corps que le feu va anéantir.

Belle et saisissante composition, remarquable de coloris et de conservation.

Bois. Haut., 66 cent.; larg., 76 cent.

École espagnole.

18 — *Mater dolorosa.*

Bois. Haut., 44 cent.; larg., 33 cent.

École française (XVIIIe siècle).

19 — *Portrait d'une dame de qualité.*

> Toile. Haut., 1 m. 12 cent.; larg., 88 cent.

École flamande.

20 — *Paysage orné de figures.*

> Toile. Haut., 91 cent.; larg., 1 m. 40 cent.

École italienne.

21 — *La Toilette de Vénus.*

> Vénus est à sa toilette; l'Amour l'aide de son mieux, pendant qu'un faune essuie le corps de la déesse.

> C. Haut., 42 cent.; larg., 33 cent.

École italienne.

22 — *Satyre et Bacchante.*

> Toile. Haut., 70 cent.; larg., 90 cent.

TABLEAUX MODERNES

Argence (d').

23 — *Marine.*

Aroza.

24 — *Un Coin de village.*
Paysage.

Aroza.

25 — *Une Plage.*
Marine.

Bayeux.

26 — *Marine.*

Cals.

27 — *Portrait de vieille femme.*

Cals.

28 — *Paysage des environs d'Honfleur.*

Cordier.

29 — *Paysage orné de figures.*

Delaunay (Fernand).

30 — *Un Sous-bois, près Barbizon.*

Jacquet (Gustave).

31 — *Tête de jeune Bretonne.*
Étude.

Jacquet (Gustave).

32 — *Tête de mendiant breton.*

Jacquet (Gustave).

33 — *Tête d'enfant de chœur.*

Leroy.

34 — *Nature morte.*

AQUARELLES, PASTELS, DESSINS, ETC.

Berghem (Nicolas).

35 — *Scène champêtre.*

Sépia rehaussée de gouache.

Boulanger (Gustave).

36 — *Dessin.*

Mine de plomb.

Charlet.

37 — *Dessin.*

Trois crayons.

Combes (F.).

38 — *Bords de la Sèvre-Nantaise.*
Pastel.

Dillens (A.).

39 — *Un Concert chez Van Oost.*
Aquarelle.

Jacquet (Gustave).

40 — *Tête de femme.*

Aquarelle.

Jacquet (Gustave).

41 — *Tête de fillette.*

Aquarelle.

Lantara.

42 — *Dessin.*

Pierre noire.

Rigaud (Hyacinthe).

43 — *Portrait d'homme.*

Sépia et gouache.

44 — Neuf gravures. Série du *Don Quichotte*, d'après Coypel.

45 — *Portraits de Henri IV et Sully,* gravures en couleur, médaillons en bois sculpté.

Désignation des Objets

OBJETS D'ART ET D'AMEUBLEMENT
BRONZES, CURIOSITÉS

Canova.

46 — Vénus de Médicis. Marbre blanc. Provenant de la collection du général Beugnot.

47 — Deux gaines de marbre blanc, à griffes de lion.

48 — Bas-relief italien, de la Renaissance, en marbre blanc. Personnages historiques : le Dante, Virgile, etc. Monté sur cadre en chêne.

49 — Néron, tête en marbre blanc. Antique.

50 — Onze têtes, en terre de Chypre.

51 — Petit bronze de la Renaissance, sur socle de marbre.

52 — Sainte Barbe. Statuette gothique en bois sculpté.

53 — Peigne Empire, en cuivre doré.

54 — Breloques Incroyable.

55 — Bureau, incrustations de nacre.

56 — Armoire en chêne sculpté. Époque Louis XIV.

57 — Épée Louis XV.

58 — Corbeille artistique, en fer forgé. Provient de l'atelier de Courbet.

59 — Glace en bois sculpté. Époque Louis XIV.

60 — Glace en bois sculpté. Époque Louis XIV.

61 — Treize plats anciens. (Sera divisé.)

62 — Dix-sept assiettes et soucoupes anciennes. (Sera divisé.)

63 — Paire de rideaux brodés sur toile. Époque Louis XIV.

64 — Grande et belle jardinière, en bois noir sculpté, avec panneau peint et socle pour statuette. — Longueur, 3 mètres.

65 — Garniture de cheminée en bronze, de style japonais. Pendule et candélabres avec émaux cloisonnés.

66 — Pendule Louis XVI. Marbre blanc.

67 — Pendule japonaise, pour bureau.

68 — Lustre flamand.

69 — Lampe brûle-parfums.

70 — Deux encriers, marbre noir et onyx.

71 — Deux vases en porcelaine turquoise.

72 — Garniture de cheminée : Magots assis et debout, composée d'une pendule, deux candélabres et deux flambeaux.

73 — Vase porcelaine tendre turquoise.

74 — Coupe : Tête de bélier.

75 — Coupe porcelaine, pâte dure.

76 — Deux vases en porcelaine tendre turquoise.

77 — Coupe porcelaine gros bleu.

78 — Deux lampes en bronze.

79 — Vase en porcelaine gros bleu.

80 — Deux vases émail cloisonné.

81 — Objets divers.